Commissioned by Aarhus 2017

Passacaglia for Piano

Philip Glass
(2017)

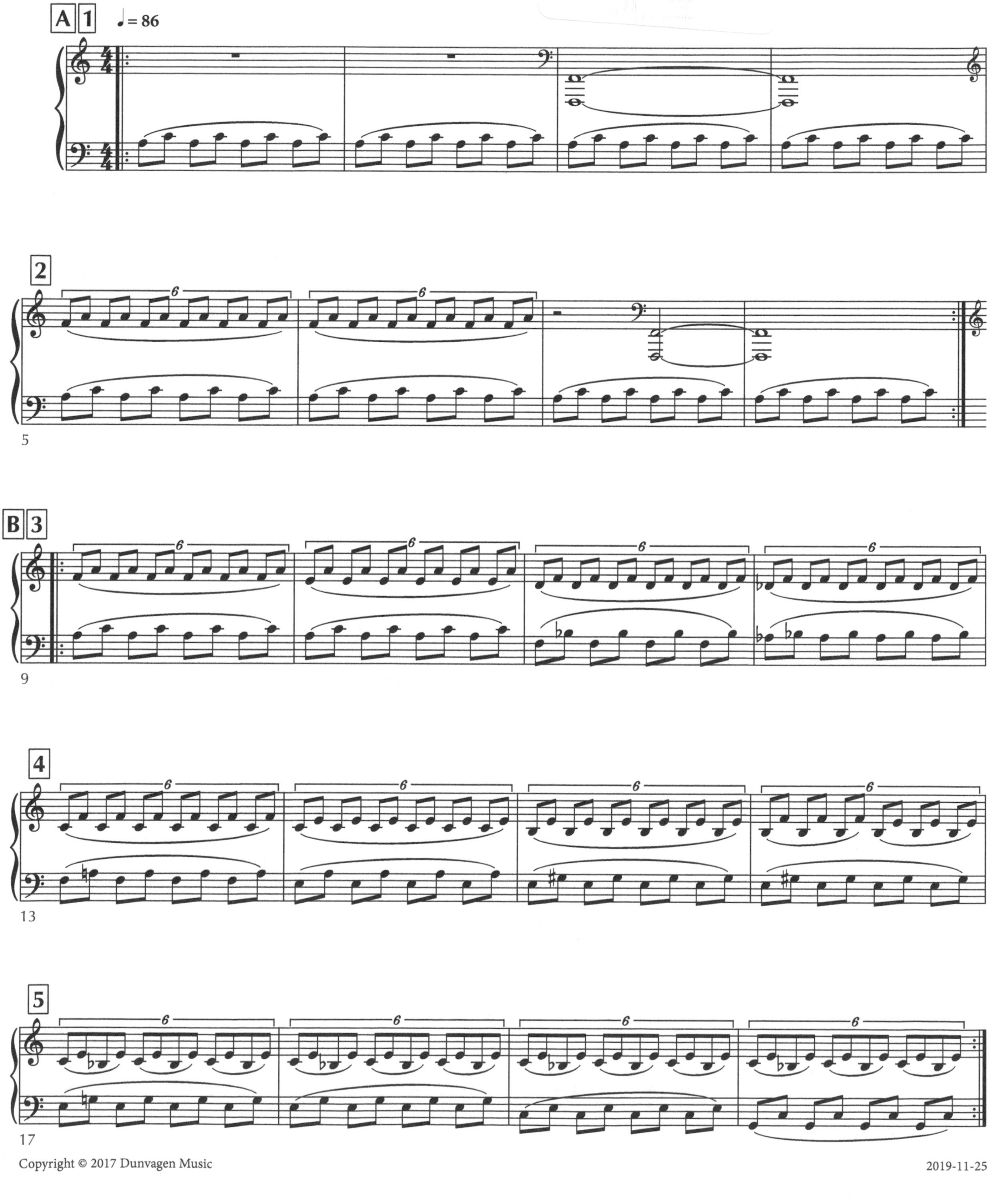

C
6
7
8
D.S. to fig. 6
D
9
mf
10
D.S. to fig. 9
11
f

12
44
47
13
50
8
E
14
54
56
15
58
60

F 16
f
sost.
62
65
17
69
72
E 18
75

77
19
79
81
D
20
mf
83
21
6
D.S. to fig. 20
87

22
f
91
94
23
97
24
100
8
C
25
104
26
107

27
D.S. to fig. 25
B
28
29
30
110
113
116
119
122
125

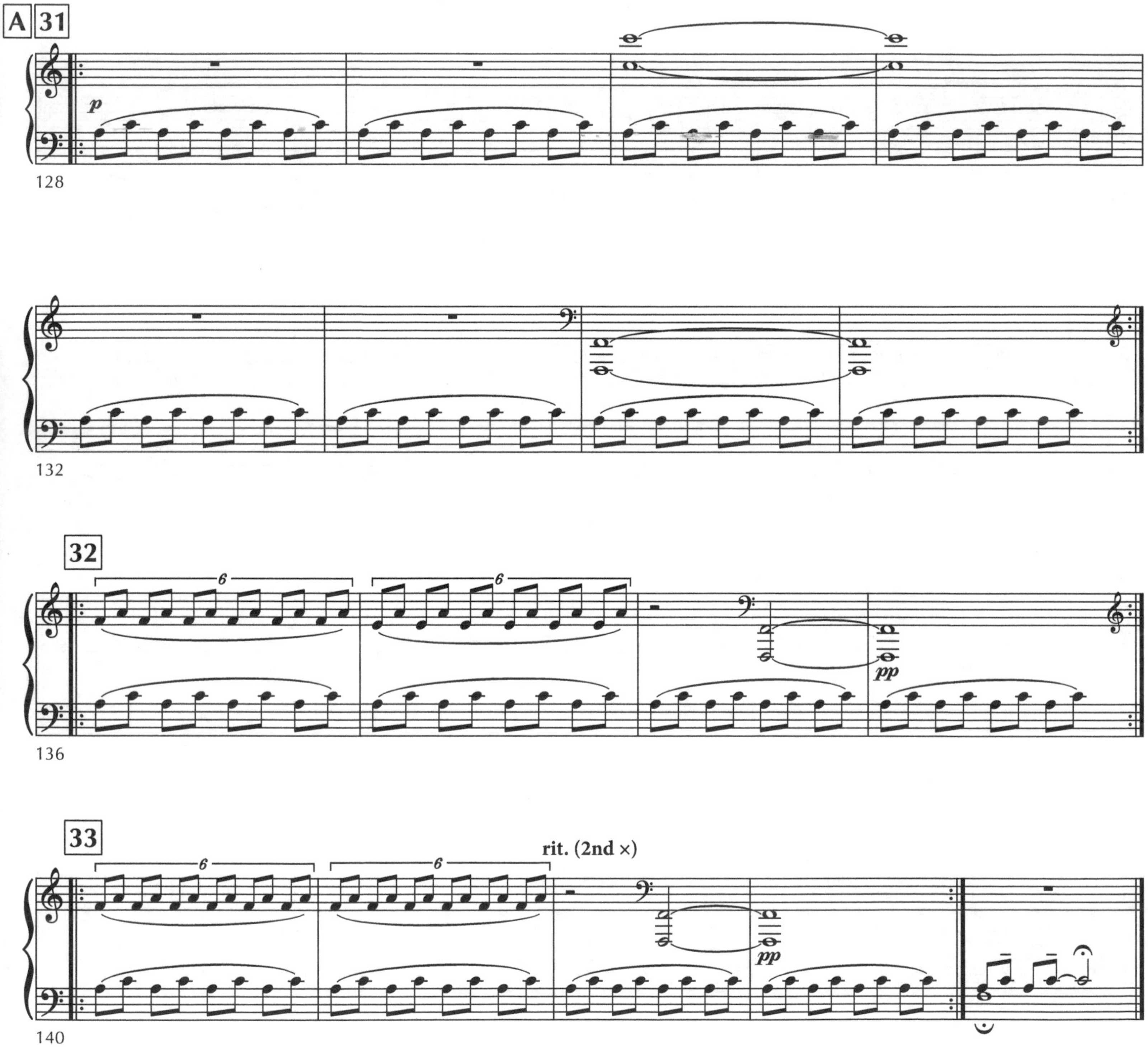
A 31
p
128
132
32
6
6
pp
136
33
6
6
rit. (2nd ×)
pp
140